Enrico Baccarini

Vite ai Margini

una analisi sulle fragilità, disabilità e problematiche nella
terza età nel contesto delle Case Popolari

Parte I: Contesto Sociologico degli Anziani in Difficoltà

Capitolo 1: Demografia e invecchiamento della popolazione

1.1 Evoluzione demografica

Negli ultimi decenni, l'Italia ha affrontato una crescente sfida demografica da cui è emerso come il numero di anziani sia in costante aumento[1]. Questo fenomeno è il risultato di una combinazione di diversi fattori, tra cui l'allungamento delle aspettative di vita affiancato al calo della natalità[2]. Oltre ai numeri, questa transizione demografica ha un impatto profondo sul tessuto sociale e psicologico del Paese. All'interno di questo quadro si colloca la popolazione degli anziani che spesso si trovano ad affrontare una serie di problematiche e disagi, non solo legati alla salute fisica, ma anche di tipo sociale ed emotivo. Secondo i dati dell'ISTAT (Istituto Nazionale di Statistica), l'Italia è uno dei Paesi con la popolazione più anziana del

---

[1] ISTAT (2017), La povertà assoluta in Italia. Anno 2016, Statistiche report, Roma, Istat.

[2] Continua l'inverno demografico nel nostro Paese. Nel 2023, secondo gli ultimi dati ISTAT i nati residenti in Italia sono 379mila, con un tasso di natalità pari al 6,4 per mille (era 6,7 per mille nel 2022). La diminuzione delle nascite rispetto al 2022 è di 14mila unità (-3,6%). Dal 2008, ultimo anno in cui si è assistito in Italia a un aumento delle nascite, il calo è di 197mila unità (-34,2%).

mondo. Nel 2021, la percentuale di persone con più di 65 anni ha superato il 23%, con proiezioni che indicano un ulteriore incremento nei decenni a venire. Nel 2020, circa il 23% della popolazione italiana aveva più di 65 anni, una percentuale che è prevista crescere fino al 34% entro il 2050. Questo processo è accompagnato da un abbassamento del tasso di natalità, che nel 2021 ha raggiunto il livello più basso degli ultimi 150 anni, con un tasso di fertilità di 1,27 figli per donna. Questa tendenza non solo cambia la composizione demografica, ma comporta anche profondi interrogativi sulla sostenibilità dei sistemi di welfare e sanità[3].

Accanto all'aumento della popolazione anziana, la natalità in Italia è diminuita significativamente. Le cause di questo fenomeno sono molteplici: instabilità economica, incertezze lavorative, cambiamenti nei valori familiari e sociali e soprattutto una cultura di massa che sempre più privilegia l'individualismo. L'impatto di queste dinamiche contribuisce a creare una società impoverita dei suoi valori più profondi ed in cui gli anziani diventano sempre più numerosi rispetto ai giovani.

Parallelamente e consequenzialmente, uno dei principali problemi che si generano da tali fattori e che affliggono gli anziani italiani è l'isolamento sociale.

Molti di loro vivono soli, spesso a causa della perdita del coniuge, e possono sovente sentirsi abbandonati dai

---

[3] Censis (2014), Anticipazione primi risultati della ricerca "Longevi e non autosufficienti in Italia: il piano della cultura sociale collettiva" realizzata in collaborazione con Fondazione Generali.

membri della propria famiglia che, a causa delle loro occupazioni lavorative e di una vita sempre più frenetica, non riescono a dedicargli il tempo necessario.

Questo isolamento non solo influisce sulla loro vita quotidiana, ma può anche avere conseguenze negative e gravi sulla salute mentale.

L'isolamento sociale impatta sul volume di aree del cervello deputate all'apprendimento e alla memoria, aumentando del 26% le probabilità di andare incontro a decadimento cognitivo, rispetto a coloro che hanno mantenuto nel corso degli anni relazioni sociali[4]. In sostanza l'isolamento sociale si associa ad un'atrofia di alcune zone cerebrali fondamentali per regolare le funzioni cognitive.

Tale riduzione volumetrica è inoltre correlata alla ridotta espressione di alcuni geni portando quindi l'intera questione sul piano dell'epigenetica, ossia di quanto l'ambiente e lo stile di vita possano modificare l'espressione di alcuni geni e, di conseguenza, le caratteristiche strutturali del cervello.

In molte culture, compresa quella italiana, gli anziani tendono ad avere un'indole orgogliosa nonchè a manifestare una certa reticenza a chiedere aiuto. Questo può derivare da una lunga vita di indipendenza e dal desiderio di apparire autosufficienti. Tuttavia, questa attitudine può aggravare il loro senso di isolamento e

---

[4] Associations of Social Isolation and Loneliness With Later Dementia, Neurology, July 12, issue 99 (2) e164-e175, 2022, https://doi.org/10.1212/WNL.0000000000200583

portare sovente ad una spirale di declino sociale e psicologico.

La società italiana, spesso incentrata sulla famiglia e valori comunitari, può essere indotta oggigiorno talvolta trascurare le esigenze degli anziani. La mancanza di programmi di integrazione e il calo dell'interesse per le attività comunitarie possono far sentire gli anziani come un peso piuttosto che come una risorsa.

Questo porta a una stigmatizzazione della figura dell'anziano con il conseguente instaurarsi di svariate problematiche.

L'isolamento sociale è infatti strettamente legato alla depressione[5]. Secondo studi psicologici, gli anziani che vivono da soli possono sperimentare un'alta incidenza di sintomi depressivi e ansia.

La solitudine può peggiorare le condizioni di salute fisica e psicologica, creando un ciclo vizioso che è difficile da rompere. Tali studi hanno inoltre stimato che circa il 12% delle persone nella terza età soffre di un disturbo depressivo, ma si stima che dati realistici possano spingersi fino al 35%.

Tale disturbo colpisce in numero superiore le donne rispetto agli uomini, con un rapporto di 2:1. La prevalenza

---

[5] Claryn S. J. Kung, Andrew Steptoe, *Changes in well-being among socially isolated older people during the COVID-19 pandemic: An outcome-wide analysis*, University of Southern California, Los Angeles, CA; received May 24, 2023, https://doi.org/10.1073/pnas.2308697121.

di disturbi depressivi in questa fascia di età è più elevata in ambienti sanitari, come ospedali e strutture residenziali[6].

Nonostante le sfide, molti anziani mostrano però una notevole resilienza[7]. possiedono infatti capacità di adattamento straordinarie e spesso trovano modi per sviluppare nuove reti sociali, anche nelle difficoltà. Gruppi di supporto, attività ricreative e progetti intergenerazionali possono rappresentare opportunità preziose per migliorare il loro benessere psicologico.

I fattori individuali di resilienza includono l'autoefficacia e le strategie di coping positive, mentre i fattori sociali includono le reti di supporto tra pari e le comunità[8].

Le reti sociali o i buoni rapporti con la propria famiglia e gli amici sono associati ad una maggiore resilienza così come avere un'ampia cerchia parentale e di amici[9].

Tali reti possono fungere da fattore protettivo per gli anziani di fronte ai fattori di stress[10].

---

[6] Chun Shen, Edmund T. Rolls et al., *Associations of Social Isolation and Loneliness With Later Dementia*, Neurology, July 12, 2022, https://doi.org/10.1212/WNL.0000000000200583.

[7] Árún K. Sigurðardóttir 1,2, Jon A. Steingrimsson 3, Gísli K. Kristófersson et al., *Resilience among older adults living at home: urban-rural difference in a population-based study*, Clinical Geriatrics, Vol. 70: ISSUE 4 - DECEMBER 2022.

[8] Hildon Z, Montgomery SM, Blane D., *Examining resilience of quality of life in the face of health-related and psychosocial adversity at older ages: what is right about the way we age?*, Gerontolist, 2010; 50:36-47.

[9] ib.

[10] Wells M. Resilience in older adults living in rural, suburban, and urban areas. *Online J Rural Nurs Health Care*. 2010; 10:45-54. DOI

La memoria gioca, parallelamente, un ruolo cruciale nell'identità degli anziani. Ricordare esperienze passate e condividere storie con le generazioni più giovani non solo arricchisce la loro vita ma offre anche una forma di legame che alimenta il senso di appartenenza e valore. Tuttavia, problemi come la demenza e altre malattie legate all'età possono interferire con questo aspetto fondamentale della loro vita.

L'invecchiamento è un processo naturale che comporta diverse modifiche nel funzionamento cognitivo, tra cui la memoria. Negli anziani, è comune riscontrare problemi mnemonici di varia entità, che possono influenzare significativamente la qualità della vita. Esistono, infatti, diversi tipi di Deterioramento della Memoria, tra cui:

1. Memoria a Breve Termine: Gli anziani tendono a sperimentare difficoltà nel mantenere informazioni recenti e nel compiere compiti che richiedono l'elaborazione di informazioni temporanee[11].

2. Memoria Episodica: Questo tipo di memoria, che si riferisce alla capacità di ricordare eventi specifici e esperienze personali, è particolarmente vulnerabile

---

Colasanti V, Marianetti M, Micacchi F. Tests for the evaluation of depression in the elderly: a systematic review. *Arch Gerontol Geriatr.* 2010; 50:227-230.

[11] Craik, F. I., & Salthouse, T. A. (2000), *The Handbook of Aging and Cognition*, Psychology Press.

all'invecchiamento. Gli anziani possono avere difficoltà a richiamare dettagli di eventi passati[12].

3. Memoria di Lavoro: La capacità di mantenere e manipolare informazioni per un breve periodo è anch'essa compromessa con l'età, influenzando le funzioni esecutive e la risoluzione di problemi[13].

Le difficoltà mnemoniche negli anziani possono invece derivare da vari fattori, tra cui:

- Cambiamenti Fisiologici: L'invecchiamento è associato a cambiamenti strutturali e funzionali nel cervello, inclusa la riduzione del volume dell'ippocampo, una regione chiave per la memoria[14].

- Fattori Psicologici: Ansia, depressione e stress possono amplificare le difficoltà mnemoniche, poiché si è dimostrato che condizioni psicologiche compromettono l'attenzione e la codifica delle memorie[15].
È fondamentale sviluppare strategie per sostenere la memoria negli anziani. Alcuni approcci efficaci includono:

---

[12] Salthouse, T. A. (2011), *Effects of aging on reasoning*, The Journal of Experimental Psychology.
[13] Borella, E., Carretti, B., & De Beni, R. (2010), *Working memory in older adults: A review*, Neuropsychology Review.
[14] Blokland, A. (2012), *The hippocampus: The brain's memory indexing system*, Neurobiology of Learning and Memory.
[15] Mowrer, R. R., et al. (2008), *Anxiety and Memory*, Journal of Anxiety Disorders.

Esercizi Cognitivi: Attività che stimolano il pensiero critico e la risoluzione dei problemi possono migliorare la memoria[16].

Tecniche di Memoria: L'uso di mnemoniche e tecniche di associazione può aiutare a migliorare la capacità di richiamo[17].

Promozione di uno Stile di Vita Sano: La nutrizione equilibrata, l'attività fisica e l'interazione sociale sono fattori cruciali nel mantenere la salute cognitiva[18].

I problemi mnemonici negli anziani rappresentano una sfida significativa legata all'invecchiamento ma con interventi adeguati possono essere mitigati. Comprendere le dinamiche della memoria e i suoi cambiamenti nel tempo è fondamentale per promuovere una vita sana e attiva negli anziani.

1.2 Nuovi Scenari

Nel corso dei decenni il governo italiano, e le varie Regioni, hanno adottato politiche sempre più inclusive e mirate a rispondere ai bisogni degli anziani. Si tratta di un lavoro in costante evoluzione che deve includere non solo una assistenza sanitaria sempre più efficiente ma anche

---

[16] Martin, M., et al. (2013), *Cognitive training in older adults: A meta-analysis*, Psychological Bulletin.

[17] Montgomery, E., et al. (2011), *The role of mnemonic techniques in the improvement of memory among older adults*, Research on Aging.

[18] Firth, J., et al. (2019), *The effects of diet on mental health: A review*, Journal of Affective Disorders.

iniziative sociali come centri di incontro, programmi di supporto psicologico e attività culturali. Investire nella creazione di reti di supporto comunitario è essenziale per contrastare l'isolamento.

Promuovere interazioni tra le diverse generazioni può altresì portare grandi benefici. Le scuole e le comunità possono sviluppare programmi di volontariato dove i giovani possono interagire con gli anziani, permettendo scambi culturali e di esperienza che possono arricchire entrambe le parti. Questo tipo di interazione non solo combatte e contrasta l'isolamento ma rinforza il tessuto sociale.

Anche la tecnologia possiede il grande potenziale per migliorare notevolmente la vita degli anziani. Strumenti di comunicazione come smartphone e piattaforme online possono essere utilizzati per restare in contatto con amici e familiari, mentre applicazioni specifiche possono fornire supporto alla gestione della salute. È fondamentale, però, garantire che gli anziani siano adeguatamente formati all'uso di queste tecnologie.

Il futuro demografico dell'Italia è segnato da un aumento significativo della popolazione anziana. Questo cambiamento sociale presenta sia sfide che opportunità. È imperativo che la società italiana riconosca i problemi legati all'isolamento e alla salute mentale degli anziani e sviluppi politiche efficaci per affrontarli.

Un approccio olistico che include l'integrazione sociale, il supporto psicologico e la promozione di un uso consapevole della tecnologia possono contribuire a migliorare significativamente la qualità della vita nella terza età. Solo attraverso un impegno collettivo possiamo garantire che questa preziosa parte della nostra società non sia trascurata ma invece valorizzata come una risorsa importante per il futuro.

Gli anziani non sono solo testimoni della storia passata ma sono anche partecipanti attivi nel tessuto sociale del presente e del futuro. È nostra responsabilità garantire che abbiano le risorse e il supporto necessari per vivere una vita dignitosa e appagante.

1.3 Il fenomeno dell'invecchiamento

Negli ultimi decenni, l'Italia ha visto un significativo cambiamento demografico, con un aumento della popolazione anziana e una diminuzione dei giovani. Questo fenomeno, noto come invecchiamento della popolazione, porta con sé una serie di problematiche e sfide, sia dal punto di vista sociologico che psicologico.

Le cause dell'invecchiamento possono essere suddivise in due categorie principali: l'aumento della vita media e la diminuzione della natalità. I progressi in campo medico, una maggiore consapevolezza della salute e stili di vita più sani contribuiscono all'aumento della vita media, la quale in Italia è attualmente una delle più alte al mondo. D'altra parte, i cambiamenti socioeconomici, le difficoltà economiche e la precarietà lavorativa hanno portato a una diminuzione del tasso di natalità, creando un equilibrio demografico instabile. Tutto questo genera, inevitabilmente, profonde ripercussioni sociali.

L'invecchiamento della popolazione ha ripercussioni economiche significative. Un numero crescente di pensionati rappresenta un onere per il sistema previdenziale, che è già sotto pressione, considerando la disoccupazione giovanile e il numero ridotto di contributori attivi. Questa situazione porta i governi e le Regioni a dover rivedere le politiche previdenziali, aumentando l'età pensionabile o riducendo le pensioni, il che può generare conflitti tra diverse fasce di età.

Tradizionalmente, le famiglie italiane si sono sempre fatte carico dell'assistenza ai propri anziani. Tuttavia, la modernizzazione e il cambiamento dei valori sociali hanno modificato profondamente questa situazione. Le famiglie nucleari sono ora più comuni e i giovani possono trovarsi a dover conciliare lavoro, vita personale e responsabilità di cura. Questo porta a una crescente richiesta di servizi di assistenza professionale e ad una diminuzione della disponibilità di cure familiari.

La rappresentazione sociale degli anziani è spesso caratterizzata da stereotipi negativi che li vedono come fragili, non produttivi e isolati. Questa visione limita la loro integrazione nella società e contribuisce a fenomeni di esclusione sociale. È essenziale promuovere una prospettiva che riconosca il valore e l'esperienza di questa fascia della popolazione, favorendo il loro coinvolgimento attivo nelle comunità.

Risulta altresì fondamentale soffermarsi un attimo sugli aspetti psicologici dell'invecchiamento

Con l'avanzare dell'età, molti individui affrontano una crisi d'identità, spinti dalla perdita di ruolo e di status che spesso accompagna il pensionamento. La transizione da lavoratore attivo a pensionato può costituire un momento critico nella vita di una persona, con effetti profondi sulla sua autostima e sul suo senso di identità. È fondamentale supportare gli anziani in questo processo, offrendo opportunità di apprendimento e di partecipazione sociale.

L'invecchiamento è spesso associato anche ad un aumento dei problemi di salute mentale, tra cui depressione e isolamento. La perdita di congiunti, il deterioramento della salute fisica e l'isolamento dalla vita sociale possono contribuire a stati depressivi. Secondo studi recenti, il sostegno sociale e le reti di amicizia giocano un ruolo cruciale nel mantenere una buona salute mentale negli anziani.

Le relazioni interpersonali degli anziani possono essere influenzate da fattori di varia natura, come il pensionamento, i cambiamenti nei ruoli familiari e la perdita di cari. È importante promuovere reti sociali attive che possano fornire supporto emotivo e pratico, contribuendo a ridurre l'isolamento e il rischio di depressione.

Il governo italiano, e le Regioni, hanno avviato diverse iniziative per affrontare le sfide dell'invecchiamento, tra cui la promozione del "Piano Nazionale per la Salute degli

Anziani"[19]. Tale piano si propone di migliorare la qualità della vita degli anziani attraverso servizi di assistenza domiciliare, attività ricreative e opportunità di socializzazione.

Le comunità locali svolgono un ruolo fondamentale nel supporto agli anziani. Iniziative come centri per anziani, corsi di formazione e attività sociali possono contribuire a mantenere tali soggetti attivi e integrati nella vita sociale. Creare ambienti inclusivi e accessibili è essenziale per consentire a questa fascia della popolazione di partecipare attivamente.

Il volontariato rappresenta, inoltre, un'opportunità significativa per promuovere l'interazione tra diverse generazioni. Progetti che coinvolgono giovani e anziani possono favorire uno scambio reciproco di esperienze e competenze, contribuendo a ridurre la percezione di isolamento e a creare legami intergenerazionali.

Il fenomeno dell'invecchiamento in Italia presenta una serie di sfide complesse e interconnesse, che richiedono un approccio necessariamente multidimensionale. È fondamentale considerare le implicazioni sociali e psicologiche dell'invecchiamento, promuovendo politiche e iniziative che favoriscano l'inclusione e l'autonomia nella terza età. Solo attraverso un impegno collettivo potremo

---

[19] Approvato dal Consiglio dei Ministri il Decreto Legislativo sulle politiche in favore delle persone anziane in attuazione della Legge Delega n. 53 del 23 marzo 2023. Stanziamenti per 500 milioni di euro nel biennio 2025/2026.

affrontare le sfide del nostro tempo e garantire un futuro dignitoso e sereno per le generazioni anziane. La terza età non deve essere vista come un fardello in un mondo sempre più frenetico ma invece come un'opportunità di crescita e condivisione di esperienze, un arricchimento per la società nel suo complesso e soprattutto di felicità per coloro che hanno vissuto la propria vita.

1.4 La condizione degli anziani nei contesti urbani

Negli ultimi decenni, il fenomeno dell'invecchiamento della popolazione è diventato un tema di grande rilevanza in tutto il mondo. Le città, che fungono da epicentri di opportunità, sfide e interazioni sociali, costituiscono il palco principale su cui si sviluppa la vita quotidiana nella terza età.

Il fenomeno dell'invecchiamento della popolazione, già trattato ad inizio del libro, risulta particolarmente evidente nelle aree urbane. Secondo numerose stime, entro il 2050, il numero di soggetti di età superiore ai 60 anni supererà i due miliardi a livello globale[20]. Le città stanno diventando sempre più abitate da una popolazione adulta che presenta diverse esigenze e sfide. In questo contesto, è importante considerare come le infrastrutture e i servizi urbani possano meglio rispondere alle esigenze degli anziani.

---

[20] Così come stimato dall'Organizzazione Mondiale della Sanità.

Uno dei principali problemi è, e sarà smepre più, la mobilità. La difficoltà di spostarsi autonomamente può limitare profondamente l'accesso ai servizi essenziali, come supermercati, ospedali e centri sociali. In molte città, i mezzi pubblici non sono progettati pensando alle esigenze degli anziani, risultando inadeguati per chi ha problemi di mobilità.

Nonostante questo alcune grandi città hanno iniziato a implementare strategie per migliorare le soluzioni a disposizione. Queste includono l'installazione di rampe, l'ampliamento delle reti di trasporto pubblico e la creazione di servizi di trasporto dedicati che possono facilitare gli spostamenti. In un contesto urbano inclusivo, è fondamentale progettare spazi pubblici con l'intenzione di rendere la mobilità più agevole per tutti gli utenti, compresi gli anziani.

Le barriere architettoniche sono una delle maggiori sfide che nella terza età devono essere affrontate nella vita quotidiana. Molti edifici e spazi pubblici non sono stati progettati e pensati per l'inclusione degli anziani, rendendo difficile per loro accedere a risorse vitali.

Governare una città significa anche promuovere politiche di accessibilità. Molte realtà stanno infatti sviluppando normative che si direzionano alla realizzazione di nuovi edifici e infrastrutture tese a rispettare standard specifici per l'accessibilità. Risulta quindi fondamentale che le amministrazioni comunali e le Regioni lavorino in collaborazione con le organizzazioni di anziani per identificare e superare le barriere fisiche presenti nel loro territorio al fine di creare una integrazione generazionale.

Curiosamente tali problematiche sono minimamente presenti nei centri urbani minori dove le possibilità di spostamento e l'interazione sociale non solo sono parte di un loro patrimonio culturale maggiore, e che si sta sempre più perdendo nelle grandi città, ma sono maggiormente facilitati dai diversi contesti urbani e dalle diverse dimensioni dei centri.

A questo si affianca una questione già sollevata, e inscindibile, che riguarda la salute nella terza età. Si tratta di un tema complesso che implica una serie di valutazioni e fattori, tra cui le condizioni mediche preesistenti, l'accesso ai servizi sanitari e la qualità della vita.

Le aree urbane spesso offrono una vasta gamma di servizi sanitari ma il loro accesso può essere profondamente limitato, o talvolta impedito, proprio per la fascia anziana a causa non solo di ostacoli urbanistici o economici ma soprattutto per l'impossibilità di poterli raggiungere.

Le città, come visto, hanno un ruolo cruciale nell'organizzazione e nella fornitura di servizi sanitari per nella terza età. È necessario sviluppare sempre più politiche sanitarie che non solo rispondano alle malattie e alle condizioni croniche degli anziani ma che promuovano anche il benessere generale attraverso programmi di prevenzione.

La pianificazione urbana deve necessariamente tenere conto delle diverse esigenze della popolazione, in particolare quella degli anziani. È cruciale che le politiche pubbliche siano progettate per garantire un ambiente urbano accessibile, sicuro e accogliente per gli anziani.

Le amministrazioni locali devono necessariamente collaborare con le comunità di anziani per ascoltare le loro esigenze e sviluppare strategie efficaci portando alla creazione di comitati consultivi al fine di attuare politiche di integrazione e che coinvolganogli anziani nel processo decisionale.

Parallelamente a quanto presentato le strutture residenziali per anziani, come le case di riposo, sono un aspetto cruciale della vita urbana. Non tutte le strutture offrono però un ambiente di qualità.

In molti casi, gli anziani preferiscono rimanere nella propria abitazione per non essere sradicati dai propri ricordi, luoghi e amicizie. Soluzioni come i programmi di "invecchiamento attivo"[21] possono infatti permettere loro di ricevere assistenza a domicilio e continuare a vivere in modo indipendente.

L'invecchiamento attivo è stato definito dall'Organizzazione Mondiale della Sanità (OMS) nel 2002 come "*il processo di ottimizzazione delle opportunità di salute, partecipazione e sicurezza per migliorare la qualità della vita delle persone che invecchiano*". Numerosi studi internazionali testimoniano infatti il legame positivo esistente tra

---

[21] Lucantoni, D., Principi, A., Socci, M., Zannella, M., Barbabella, F. (2022) Active Ageing in Italy: an evidence-based model to provide recommendations for policy making and policy implementation. *International Journal of Environmental Research and Public Health*, 19(5), 2746.

l'invecchiare in maniera attiva e i benefici sulla salute fisica e psicologica, inclusa la percezione di una maggiore qualità e soddisfazione della vita[22].

La condizione degli anziani nei contesti urbani è un tema complesso che richiede l'attenzione di tutti. Dalla mobilità all'accessibilità, dalla salute all'isolamento sociale, ogni aspetto della vita degli anziani nelle città deve essere considerato attentamente. Le politiche pubbliche, la pianificazione urbana e l'impegno attivo della comunità giocano un ruolo fondamentale nel migliorare la qualità della vita degli anziani e nel garantire che possano vivere dignitosamente e attivamente in contesti urbani.

La costruzione di una società inclusiva è una responsabilità collettiva che richiede l'impegno di tutti gli attori coinvolti.

---

[22] Barbabella, F., Cela, E., Socci, M., Lucantoni, D., Zannella, M., Principi, A. (2022) *Active ageing in Italy: a systematic review of national and regional policies*, International Journal of Environmental Research and Public Health,19(1), 600.

Capitolo 2: Case popolari e gli anziani

2.1 Definizione di case popolari

La casa popolare, o edilizia residenziale pubblica, rappresenta un tema cruciale nel contesto abitativo italiano, e in particolare in Lombardia.

La crescente urbanizzazione e la costante richiesta di *affordable housing* rendono la questione della casa popolare estremamente rilevante, soprattutto per le fasce più vulnerabili della popolazione. In Lombardia, il sistema delle Aler (Aziende Lombarde per l'Edilizia Residenziale) gioca un ruolo chiave nella gestione e nella assegnazione di alloggi sociali.

La casa popolare è un'unità abitativa destinata a soddisfare le esigenze abitative di persone e famiglie a basso reddito. Questi alloggi vengono costruiti e gestiti da enti pubblici o privati che operano secondo modalità di promozione dell'abitare sociale. L'assegnazione degli alloggi popolari avviene sulla base di specifici requisiti di reddito e condizione sociale, mirata a garantire l'accesso alla casa a chi ha meno possibilità economiche e attraverso bandi regionali.

Le case popolari sono progettate per essere accessibili a chi ha redditi limitati, offrendo affitti calmierati. Nonostante il costo contenuto, le case popolari devono rispettare standard minimi di qualità abitativa, inclusi requisiti di sicurezza e vivibilità. Fornendo soluzioni abitative a lungo termine, la casa popolare contribuisce alla stabilità sociale ed economica degli individui e delle famiglie.

La Lombardia, una delle regioni più sviluppate e densamente popolate d'Italia, presenta una particolare sfida in termini di disponibilità e accessibilità degli alloggi. L'intensa urbanizzazione delle aree metropolitane, come Milano, ha fatto crescere nei decenni la domanda di case popolari. A questo si aggiunge che la Lombardia è caratterizzata da una pluralità di tipologie familiari con situazioni economiche diverse, il che rende necessario un sistema di intervento mirato per soddisfare la domanda di abitazioni a prezzi contenuti.

Nonostante gli sforzi per creare abitazioni accessibili, sono emerse con il mutare dei tempi e della popolazione problematiche significative. L'aumento dei costi degli affitti, la stagnazione dei redditi e le crescenti disuguaglianze economiche affliggono molte categorie sociali. La domanda di case popolari supera spesso l'offerta, portando a lunghe liste d'attesa e a situazioni di emergenza abitativa.

2.2 Le ALER

Le Aler rappresentano l'ente principale per la gestione dell'edilizia residenziale pubblica in Lombardia. Fondate per promuovere e realizzare politiche abitative, le Aler operano in nome e per conto della Regione Lombardia, garantendo il diritto alla casa a tutti i cittadini.

Le Aler sono state costituite nel 1998, accorpando le IACP (Istituti Autonomi di Case Popolari) esistenti. La loro missione è da allora quella di facilitare l'accesso alla casa tramite la costruzione, la gestione e la riqualificazione di alloggi pubblici. Le Aler si occupano infatti di:

- Costruzione: Sviluppano nuovi progetti di edilizia residenziale per far fronte alla domanda di case popolari.
- Gestione: Amministrano gli alloggi esistenti, garantendo che siano mantenuti in buone condizioni e rispondano ai bisogni abitativi.
- Supporto ai Cittadini: Forniscono informazioni e assistenza a chi cerca alloggi, orientandoli nel processo di richiesta.

Le Aler operano con una struttura decentralizzata, suddividendosi in diverse aziende a livello provinciale, ciascuna responsabile per il proprio territorio. Questa struttura consente una gestione più vicina alle esigenze locali e facilita la comunicazione tra l'ente e i cittadini.
In Lombardia, gli alloggi sociali possono essere suddivisi in diverse categorie, a seconda della destinazione e delle caratteristiche. Tra queste, possiamo includere gli alloggi ERP (Edilizia Residenziale Pubblica) che sono quelli direttamente gestiti dalle Aler, destinati principalmente a famiglie con reddito basso e che non possono accedere al mercato privato degli affitti. Questi appartamenti sono soggetti a regole di assegnazione molto rigide, basate principalmente sul reddito e sulla composizione del nucleo

Troviamo poi gli alloggi a Canone Sostenibile. Questa categoria include unità abitative destinate a famiglie con reddito medio-basso. Gli affitti sono calcolati in base alla capacità economica dell'inquilino, rendendo possibile l'accesso a una più ampia fascia di popolazione.

Negli ultimi anni, si è assistito anche ad un crescente interesse per la riqualificazione di edifici esistenti. Le Aler hanno avviato programmi volti a ristrutturare e rendere più efficienti dal punto di vista energetico gli immobili, migliorando la qualità della vita degli inquilini e contribuendo alla sostenibilità ambientale.

Le normative che regolano l'edilizia residenziale pubblica in Lombardia sono complesse e includono leggi regionali e nazionali. Tra i principali strumenti di finanziamento per il settore delle case popolari ci sono:

- Fondi Regionali: La Regione Lombardia destina annualmente risorse per la costruzione e la manutenzione degli alloggi pubblici.

- Agevolazioni Fiscali: Alcuni progetti di edilizia residenziale possono beneficiare di agevolazioni fiscali, facilitando ulteriormente l'investimento in nuove case popolari.

Negli ultimi anni, sono state apportate modifiche alla legislazione per rendere più efficace il sistema di assegnazione degli alloggi e migliorare l'efficienza delle Aler. Questi cambiamenti hanno incluso nuovi criteri di assegnazione, con l'obiettivo di rendere il processo più rapido.

Malgrado gli sforzi per migliorare il sistema delle case popolari in Lombardia, permangono diverse criticità che devono essere affrontate.

Una delle problematiche principali riguarda le lunghe liste d'attesa per l'assegnazione degli alloggi. La domanda supera significativamente l'offerta, portando a situazioni difficili per molte famiglie in cerca di un'abitazione.

Il deterioramento di alcuni immobili rappresenta un ulteriore problema. La manutenzione degli edifici è essenziale per garantire un buon standard abitativo ma spesso le risorse allocate non sono sufficienti a coprire le necessità.

Un altro aspetto cruciale è l'integrazione sociale degli inquilini. Le case popolari non devono rappresentare né trasformarsi in dei ghetti ma offrire un'opportunità per la creazione di comunità coese e inclusive. È fondamentale promuovere iniziative che coinvolgano gli abitanti nella gestione degli spazi e nella creazione di una rete di sostegno reciproco.

La casa popolare in Lombardia, attraverso il sistema delle Aler, è un elemento chiave per garantire il diritto all'abitazione per le fasce più fragili della popolazione.

Sebbene il contesto presenti numerose sfide, gli sforzi per migliorare l'accessibilità e la qualità degli alloggi continuano a essere una priorità.

L'intervento pubblico nell'assegnazione e nella gestione di questi alloggi è cruciale non solo per garantire la stabilità abitativa ma anche per promuovere l'integrazione sociale e la qualità della vita. Per affrontare le future sfide abitative, è necessario un impegno congiunto da parte delle istituzioni, delle comunità e dei cittadini, affinché le case popolari non siano semplicemente un rifugio ma diventino una base per una vita migliore.

2.3 Condizioni abitative degli anziani

Negli ultimi decenni, la questione delle condizioni abitative degli anziani è diventata una tematica di crescente importanza nel contesto delle grandi città italiane, in particolare in Lombardia. Con una popolazione che invecchia e con l'aumento della vita media, è fondamentale analizzare come gli anziani vivono in tali ambienti urbanizzati e quale impatto hanno le politiche abitative e sociali sulla loro qualità della vita.

Le condizioni abitative di molti anziani in Lombardia sono influenzate da diversi fattori, tra cui il reddito, le spese per l'affitto e la scelta tra vivere da soli o in strutture assistite. In generale, è comune trovare anziani che vivono in appartamenti più piccoli e spesso in condizioni di sovraffollamento. Questo è particolarmente evidente nelle zone centrali di Milano, dove gli affitti sono esorbitanti e molti anziani si trovano a dover utilizzare gran parte della loro pensione per coprire i costi abitativi.

Ad esempio, un caso emblematico è quello di molti pensionati che, nonostante abbiano lavorato tutta la vita, si trovano a vivere in situazioni precarie a causa dell'aumento generale dei costi.

La difficoltà di gestire le spese quotidiane, unita a un ambiente urbano spesso poco accogliente per chi è anziano, rende l'esperienza di vita in queste città estremamente complessa e sovente molto difficile.

Dal punto di vista sociologico[23], la condizione abitativa degli anziani nelle grandi città italiane è rappresentativa delle disuguaglianze sociali e delle nuove dinamiche familiari. L'indipendenza abitativa degli anziani è spesso ostacolata dalla mancanza di reti di supporto familiari. Molti giovani, a causa della crescita economica e della ricerca di opportunità lavorative, si trovano costretti a lasciare le loro città d'origine, lasciando i genitori anziani a gestire la vita quotidiana da soli.

Le politiche sociali in Lombardia stanno tentando di affrontare queste problematiche, promuovendo iniziative per favorire la creazione di comunità di supporto e servizi di assistenza domiciliare. Tuttavia, la realizzazione di queste politiche è spesso ostacolata da una inefficienza burocratica e dalla mancanza di fondi sufficienti.

Un altro aspetto cruciale è l'accessibilità delle infrastrutture. Molti anziani che vivono in contesti urbani affrontano difficoltà legate alla mobilità. Le città lombarde, purtroppo, non sempre sono attrezzate con mezzi di trasporto pubblici accessibili e spazi urbani amichevoli. I gradini, la mancanza di ascensori in molti edifici e una segnaletica

---

[23] Valeria Cappellato, Bianca Gardella Tedeschi, Eugenia Mercuri, *Anziani. Diritti, bisogni, prospettive. Un'indagine sociologica e giuridica*, Il Mulino, 2021.

poco chiara possono rappresentare delle barriere significative.

La situazione è particolarmente critica per coloro che soffrono di problemi di mobilità. La difficoltà ad accedere ai servizi pubblici, come ospedali e negozi, aggrava la loro condizione, contribuendo all'isolamento sociale.

Esistono, tuttavia, diversi progetti volti a migliorare le condizioni abitative degli anziani. Ad esempio, il Comune di Milano ha lanciato numerose iniziative per contrastare l'isolamento sociale, come i "centri di quartiere", che offrono spazi di incontro e attività per le persone anziane. Questi centri non solo forniscono supporto pratico, ma anche opportunità per socializzare, riducendo il rischio di depressione e solitudine.

Inoltre, alcune cooperative sociali sono attive nel creare abitazioni condivise per anziani. Questi modelli abitativi, ispirati ad iniziative già in atto in altre nazioni europee, permettono agli anziani di vivere in un contesto di condivisione e supporto reciproco, rendendo più sostenibili i costi abitativi.

Possiamo quindi vedere come le condizioni abitative degli anziani nelle grandi città italiane, e in particolare nella Lombardia, rappresentano una sfida significativa.

Nonostante alcune iniziative volte a migliorare la situazione, permangono numerosi ostacoli, sia a livello economico che sociale. Affrontare queste problematiche richiederà un impegno congiunto da parte di istituzioni, organizzazioni e comunità per garantire che tutti gli anziani possano vivere una vita dignitosa, in ambienti sicuri e

accessibili. Solo così sarà possibile costruire una società realmente inclusiva e attenta alle esigenze di tutti i suoi membri.

Questa analisi evidenzia l'urgenza di un cambiamento culturale e politico, affinché le condizioni abitative degli anziani non siano un motivo di preoccupazione, ma un'opportunità per valorizzare l'esperienza e la saggezza di una generazione che ha ancora molto da offrire alla società.

2.4 L'impatto della vita nelle case popolari sulle fasce più vulnerabili

Le case popolari, concepite come una risposta alle esigenze abitative delle fasce più vulnerabili della società, rappresentano una realtà complessa e stratificata.

Non si tratta infatti solo edifici ma di spazi sociali che possono influenzare profondamente le vite delle persone che vi abitano. L'analisi sociologica che proponiamo esplorerà come la vita in queste strutture possa impattare nelle dinamiche interpersonali, nelle opportunità economiche e nella salute psicologica degli individui appartenenti a categorie vulnerabili, ponendo l'accento sulle criticità e sulle potenzialità di questi contesti.

Le case popolari sono progettate per fornire alloggi a basso costo a persone che non possono permettersi di accedere al mercato immobiliare privato. In Italia, queste abitazioni sono spesso gestite da enti pubblici o da cooperative che si occupano della loro assegnazione. Sebbene l'intento

iniziale fosse quello di garantire un diritto fondamentale –
quello a un'abitazione dignitosa – la realtà spesso risulta
essere ben diversa.

La vita nelle case popolari è caratterizzata da una forte
eterogeneità. Gli inquilini provengono da contesti
socio-culturali e paesi anche molto diversi, il che crea un
mosaico sociale vivace e sovente non facile e che può non
di rado dare origine a tensioni. Le dinamiche di convivenza
sono influenzate da fattori come l'età, l'origine etnica, il
reddito e il livello di istruzione. Per le fasce più vulnerabili,
queste differenze possono amplificare sentimenti di
esclusione, razzismo o discriminazione.
Le case popolari spesso si trovano in aree urbane
degradate, con risorse limitate e servizi pubblici
insufficienti. La qualità del contesto abitativo influisce
significativamente sulla vita degli inquilini. La mancanza di
spazi verdi, o un loro utilizzo inappropriato, la carenza di
aree ricreative e opportunità di socializzazione espongono
le persone a un maggior rischio di isolamento o deriva
sociale che può avere ripercussioni dirette anche sulla
salute mentale.
Altro aspetto importante dell'esistenza nelle case popolari è
l'impatto economico. Molti abitanti sono impiegati in
lavori precari o sottopagati, il che rende difficile la
pianificazione di una vita equilibrata a lungo termine.
L'instabilità economica può essere ulteriormente
accentuata dalla mancanza di opportunità di lavoro nelle
vicinanze. Questa condizione crea una sorta di "ciclo della

povertà", dove l'assenza di risorse economiche limita l'accesso a istruzione e formazione, perpetuando così la marginalizzazione.

L'incidenza della povertà relativa tra la popolazione anziana è infatti passata dal 13,8% del 2006 a 8,2% del 2016, mentre è più che raddoppiata per la popolazione di età compresa tra 0 e 34 anni (da 9,2% a 19,5%)[24].

Inoltre, l'accesso limitato al credito e alle opportunità di investimento riduce le possibilità di mobilità sociale. Le politiche abitative devono tenere conto di queste variabili, promuovendo programmi che non solo forniscano abitazioni ma che facilitino anche l'integrazione socio-economica degli inquilini.

L'insicurezza abitativa, la stigmatizzazione sociale e l'isolamento contribuiscono a una maggiore incidenza di problemi di salute mentale, come depressione e ansia. L'accumulo di stress derivante da condizioni di vita precarie e dalla mancanza di prospettive future può compromettere la qualità della vita sia nelle generazioni più giovani che nella terza età.

È essenziale che i servizi di supporto psicologico siano accessibili a coloro che vivono in case popolari. L'integrazione di programmi di salute mentale nel contesto comunitario potrebbe non solo aiutare a mitigare i problemi esistenti ma anche a creare un senso di appartenenza e comunità.

---

[24] Censis (2014), Anticipazione primi risultati della ricerca "Longevi e non autosufficienti in Italia: il piano della cultura sociale collettiva" realizzata in collaborazione con Fondazione Generali.

Nonostante le sfide, esistono esempi di buone pratiche che dimostrano come le case popolari possano essere trasformate in ambienti più favorevoli. In alcune città italiane, sono stati avviati progetti che coinvolgono gli inquilini nella gestione degli spazi comuni, promuovendo un maggiore senso di comunità. Iniziative housing sociale[25], di co-housing e laboratori di formazione professionale hanno dimostrato la loro efficacia nel rafforzare le competenze e promuovere l'occupazione.

Inoltre, le politiche di *housing first*[26], che prevedono l'assegnazione immediata di un'abitazione a chi vive in condizioni di marginalità, hanno avuto un impatto positivo nel ridurre la vulnerabilità e migliorare la qualità della vita.

La vita nelle case popolari è un argomento complesso che tocca aspetti economici, sociali e psicologici.

Sebbene queste strutture siano destinate a soddisfare le esigenze delle fasce più vulnerabili, è fondamentale che siano accompagnate da politiche abitative inclusive e integrate, capaci di affrontare le cause profonde della marginalizzazione.

---

[25] Per "housing sociale" si intende l'insieme di alloggi e servizi, di azioni e strumenti rivolti a coloro che non riescono a soddisfare sul mercato il proprio bisogno abitativo, per ragioni economiche o per l'assenza di un'offerta adeguata.

[26] L'Housing First (HF) è un modello di intervento nell'ambito delle politiche per il contrasto alla grave marginalità basato sull'inserimento in appartamenti indipendenti di persone senza dimora con problemi di salute mentale o in situazione di disagio socio-abitativo cronico allo scopo di favorire percorsi di benessere e integrazione sociale. La premessa sostanziale all'avvio di questo tipo di modello di intervento è il riconoscimento della dimora come diritto umano di base.

Solo attraverso un approccio multidisciplinare sarà possibile non solo migliorare le condizioni abitative, ma anche promuovere il benessere e la dignità degli abitanti delle case popolari. Tali misure possono contribuire a costruire comunità più coese, resilienti e socialmente giuste.

Capitolo 3: Economie e disuguaglianze

3.1 Situazione economica degli anziani

L'invecchiamento della popolazione mondiale negli ultimi decenni, sta conducendo ad una serie di sfide economiche e sociali senza precedenti. Particolare attenzione viene posta verso gli anziani che vivono da soli, una categoria vulnerabile spesso colpita da difficoltà economiche.

La vita "in solitudine" è una condizione sempre più comune nella terza età e rispecchia molteplici fattori sociali, economici e culturali. Secondo l'Istituto Nazionale di Statistica (ISTAT), circa un terzo delle persone anziane vive da sola. Le ragioni che portano a questa situazione, come visto precedentemente, possono variare dalla perdita del coniuge, alla mancanza di figli o semplicemente ad unascelta per la vita indipendente. Tuttavia, vivere da soli comporta notevoli sfide, in particolare dal punto di vista economico.

La maggior parte degli anziani si sostiene economicamente attraverso tre principali fonti di reddito: pensioni, risparmi personali e assistenza sociale. Le pensioni rappresentano la fonte di reddito primaria per molti ma spesso si rivelano insufficiente a garantire un tenore di vita dignitoso.

La pensione media in Italia è di circa 1.200 euro al mese, ma molte persone ricevono somme significativamente inferiori.

Le pensioni minime non coprono le spese necessarie per vivere. Gli anziani che ricevono pensioni basse si trovano a doversi confrontare con spese vive sempre crescenti, come affitto, cibo, e spese mediche. Secondo dati recenti, più del 30% degli anziani italiani vive sotto la soglia di povertà[27]. Situazioni simili si riscontrano in altri paesi europei, dove la sicurezza economica degli anziani è messa a dura prova.

Secondo il Report Povertà diffuso da Caritas Italiana nel 2023, al 2022 vivono in povertà assoluta 5.673 milioni di persone (contro le 5.316 del 2021) e 2.187 milioni di famiglie (contro 2.022 del 2020)[28].

Molti anziani si affidano ai risparmi accumulati nel corso della vita tuttavia, con l'aumento della speranza di vita, questi risparmi possono esaurirsi rapidamente, specialmente in caso di malattia o interventi medici imprevisti. Le spese sanitarie rappresentano una parte considerevole del bilancio degli anziani, aggravando ulteriormente la loro situazione economica.

Nel tentativo di supportare gli anziani in difficoltà, le istituzioni pubbliche offrono forme di assistenza sociale, come il reddito di inclusione e diverse forme di sussidio. Tuttavia, non tutti gli anziani sono a conoscenza di queste misure e molti hanno difficoltà ad accedervi a causa di complicazioni burocratiche, tecnologiche o per mancanza di informazioni.

---

[27] Si veda *L'economia della terza età: consumi, ricchezza e nuove opportunità per le imprese*, di Massimo Rodà e Francesca G.M. Sica, Centro Studi Confindustria n°2/20 del 5 febbraio 2020.
[28]
https://www.caritas.it/wp-content/uploads/sites/2/2023/06/sintesi_report_2023-Def.pdf

Le spese quotidiane per gli anziani possono rappresentare un grosso peso economico, soprattutto per chi vive da solo. Tra le spese più comuni troviamo quelle per l'Abitazione, il costo dell'affitto o della manutenzione della propria abitazione è spesso una delle spese principali. Per molti anziani, soprattutto quelli con pensioni basse, trovare un alloggio economico diventa una vera sfida. Le case di riposo, pur fornendo servizi essenziali, rappresentano un costo elevato, difficilmente sostenibile.

Le spese per la Salute ovvero sanitarie, comprese le medicine, le visite mediche e eventuali lunghi ricoveri in ospedale, possono rapidamente erodere i risparmi di una persona. In alcuni paesi, i costi delle assistenze sanitarie superano le capacità di spesa degli anziani.

Una dieta sana è fondamentale per il benessere degli anziani ma anche il costo del cibo è in aumento. Molti anziani scelgono di risparmiare su questa voce di spesa, riducendo la qualità dei pasti e, in alcuni casi, la quantità. Questo comportamento può portare a problemi di salute, creando un ciclo vizioso di malessere e costi sanitari crescenti.

La questione della povertà tra gli anziani ha portato diverse nazioni a implementare politiche di sostegno. Tali politiche includono l'incremento delle pensioni minime, l'introduzione di sussidi per l'affitto e il miglioramento dell'accesso ai servizi sociali.

In molte aree, i governi hanno creato programmi che offrono assistenza sociale diretta, formazione per il reinserimento lavorativo e servizi geriatrici. Tali politiche si sono rivelate fondamentali per migliorare la qualità della vita di soggetti nella terza età con difficoltà economiche.

Oltre alle politiche governative, molte organizzazioni locali e fondazioni offrono supporto attivo agli anziani. Queste iniziative possono includere servizi di trasporto, programmi di pasti a domicilio e attività ricreative, tutte finalizzate a ridurre l'isolamento sociale e a migliorare le condizioni economiche.

Le ONG hanno un ruolo altrettanto importante nel fornire supporto agli anziani. Queste organizzazioni possono contribuire a iniziative comunitarie, sviluppare programmi di sensibilizzazione e garantire accesso ai servizi necessari. Inoltre, forniscono spazi di incontro e supporto emotivo per affrontare le sfide quotidiane.

Le campagne di sensibilizzazione condotte soprattutto negli ultimi anni mirano a aumentare la consapevolezza riguardo le problematiche economiche degli anziani. Educare la popolazione e promuovere il rispetto per gli anziani è essenziale per superare i pregiudizi e per garantire che più persone possano ricevere il supporto di cui hanno bisogno.

La situazione economica degli anziani, in particolare di coloro che vivono da soli e con difficoltà economiche, è complessa e richiede un'attenzione particolare da parte della società e dei governi. È fondamentale sviluppare politiche inclusive e programmi di supporto che possano realmente migliorare la qualità della vita degli anziani in difficoltà.

Solo un approccio coordinato e multidimensionale può fare la differenza, affrontando non solo le necessità economiche ma anche gli aspetti sociali e psicologici dell'invecchiamento.

3.2 Ripercussioni economiche delle disabilità

Le disabilità possono avere un impatto significativo non solo sulla vita delle persone coinvolte ma anche sull'economia nel suo complesso.

Queste influenzano la capacità di lavorare, la produttività economica e il carico finanziario sui sistemi di assistenza sociale e sanitaria.

Prima di approfondire le ripercussioni economiche, è però fondamentale definire cosa si intende per disabilità. Secondo l'Organizzazione Mondiale della Sanità (OMS), la disabilità è un termine generico che abbraccia le menomazioni, le limitazioni delle attività e le restrizioni nella partecipazione di un individuo.

Le disabilità possono essere di natura fisica, sensoriale, cognitiva, mentale o psicosociale. Queste condizioni possono derivare da malattie, infortuni o circostanze congenite e possono variare in gravità e durata. Un aspetto centrale delle ripercussioni economiche delle disabilità è il costo diretto associato alla loro gestione.

Le persone con disabilità spesso affrontano spese mediche superiori rispetto alla popolazione generale queste possono comprendere visite mediche, terapie fisiche, medicinali, attrezzature e dispositivi di assistenza. La somma di questi costi può sovraccaricare le finanze delle famiglie, e spesso richiede un sostegno economico da parte dello Stato.

Molti individui con disabilità necessitano inoltre di assistenza personale per svolgere le attività quotidiane. Questo può includere l'assunzione di caregiver o l'adattamento della casa per renderla accessibile.

Tali costi possono rapidamente accumularsi, ponendo ulteriori pressioni economiche su chi già vive con difficoltà.

Le barriere fisiche e sociali, oltre che architettoniche, possono rendere estremamente difficile per i soggetti con disabilità accedere a molte risorse. Investire in infrastrutture accessibili richiede un impegno finanziario significativo ma è fondamentale per garantire l'inclusione di questa fascia della popolazione. Questi costi possono essere visti come un investimento a lungo termine nella produttività e nella qualità della vita, soprattutto se rivolti ad una fascia over 65 anni..

Le persone con disabilità spesso affrontano difficoltà significative nel trovare e mantenere un lavoro. La disoccupazione tra le persone disabili è storicamente più alta rispetto alla media nazionale, e coloro che riescono a trovare un'occupazione possono affrontare forme di sottoccupazione. Questo non solo riduce il reddito individuale ma anche quello collettivo, riflettendo una perdita di produttività economica.

Il bisogno di flessibilità da parte di lavoratori con disabilità può alterare le dinamiche lavorative e la cultura aziendale.

Tuttavia, creare ambienti di lavoro inclusivi e flessibili può beneficiarne non solo gli individui disabili, ma può anche aumentare la produttività complessiva della forza lavoro.

Le disabilità non colpiscono solo gli individui ma anche le loro famiglie, che spesso devono cambiare dinamiche lavorative e stili di vita per supportare i propri cari.

Le famiglie che sostengono persone con disabilità possono affrontare costi diretti e indiretti anche molto elevati. Questi costi variano da assistenza a lungo termine a modifiche della casa, fino a perdite di reddito se uno o più membri della famiglia devono ridurre le ore di lavoro o rinunciare all'occupazione.

Il carico economico e le responsabilità quotidiane possono comportare inoltre uno stress significativo per i caregiver e i nuclei familiari. Questo stress può tradursi in problemi di salute fisica e mentale, creando un circolo vizioso che influisce ulteriormente sull'efficienza lavorativa e sulla stabilità economica della famiglia.

Per affrontare le ripercussioni economiche delle disabilità, molti governi adottano una varietà di politiche e programmi sociali. Questi possono includere sussidi per l'assistenza, programmi di formazione professionale e iniziative per promuovere l'inclusione nel mercato del lavoro.

In molti paesi, esistono sussidi diretti per le persone con disabilità e le loro famiglie. Queste forme di assistenza possono alleviare alcuni dei costi associati ma è spesso necessario un incremento della sensibilizzazione pubblica per garantire che queste risorse siano ben conosciute e accessibili.

I programmi di formazione mirati e gli incentivi per le aziende che assumono personale disabile possono migliorare la loro partecipazione nel mercato del lavoro. Tali politiche non solo riducono il costo dell'assistenza sociale ma anche promuovono una società più equa.

Molti governi stanno lavorando per implementare leggi che garantiscano i diritti delle persone con disabilità. Le normative che promuovono l'accesso a educazione, occupazione e servizi pubblici sono fondamentali per garantire che queste persone possano contribuire attivamente alla società.

Esistono infatti esempi di buone pratiche governative tali da creare modelli di successo e non solo.

Alcuni paesi hanno implementato modelli che evidenziano l'importanza delle politiche inclusive. Studi di caso da nazioni come la Svezia o il Canada mostrano che gli investimenti iniziali in accessibilità e inclusione possono portare a una maggiore partecipazione della forza lavoro e, di conseguenza, a un miglioramento della crescita economica.

Molte aziende stanno inoltre effettuando sforzi significativi per creare ambienti di lavoro inclusivi. Queste iniziative non solo migliorano l'immagine aziendale, ma possono anche generare un aumento della produttività e nella riduzione del turnover dei dipendenti.

Per affrontare efficacemente le ripercussioni economiche delle disabilità, è fondamentale sviluppare strategie a lungo termine che possano includere:

- Educazione e sensibilizzazione. Aumentare la consapevolezza sulle disabilità e i loro impatti economici è cruciale. Programmi educativi che informino l'opinione pubblica possono giocare un ruolo chiave nella modifica delle percezioni e nella creazione di una cultura inclusiva.
- Innovazione nella tecnologia. La tecnologia sta giocando un ruolo fondamentale nel migliorare la vita delle persone con disabilità. Investimenti in tecnologie assistive possono contribuire a migliorare la produttività e ridurre i costi di assistenza.

È essenziale favorire una collaborazione tra governi, enti privati e organizzazioni non profit per sviluppare e implementare politiche efficaci. Le alleanze strategiche possono facilitare la condivisione di risorse e informazioni, massimizzando l'impatto positivo per le persone disabili.

Le ripercussioni economiche delle disabilità sono complesse e multisfaccettate. I costi diretti, la perdita di produttività e l'impatto sulle famiglie e sulla società nel suo complesso sono solo alcune delle aree che richiedono attenzione. Investire in politiche inclusive, supporto e innovazione tecnologica rappresenta un passo cruciale verso una società più equa e sostenibile.

Solo attraverso un impegno congiunto e coordinato sarà possibile creare opportunità per le persone con disabilità, promuovendo così non solo il loro benessere ma anche quello dell'intera comunità economica.

Parte II: Aspetti Psicologici e di Salute

Capitolo 4: Salute fisica e mentale degli anziani

4.1 Malattie comuni tra gli anziani

Le malattie comuni nella popolazione anziana non solo incidono sul benessere fisico ma anche su quello psicologico e sociale.

Le malattie cardiovascolari rappresentano una delle principali cause di mortalità tra gli anziani. L'aterosclerosi, l'infarto del miocardio e l'ictus sono patologie che insorgono frequentemente in età avanzata a causa di fattori di rischio accumulati nel tempo come l'ipertensione, l'iperlipidemia e il fumo.

Queste condizioni non solo compromettono la salute fisica ma possono avere un impatto significativo sulla qualità della vita e sull'autonomia personale degli individui anziani. Dal punto di vista sociologico, le malattie cardiovascolari possono generare isolamento sociale. Gli anziani che soffrono di queste condizioni possono limitare la loro partecipazione a attività sociali, riducendo le interazioni interpersonali. L'isolamento può alimentare una sorta di circolo vizioso, aggravando la condizione di salute e portando ad un peggioramento del benessere psicologico.

Il diabete è un'altra patologia comune negli anziani. Questo disturbo metabolico, caratterizzato da un elevato livello di glucosio nel sangue, può portare a complicazioni gravi, tra cui malattie renali, retinopatia e neuropatia. L'insorgenza del diabete di tipo 2 è spesso legata a fattori di stile di vita, come una dieta scorretta e la scarsa attività fisica, pur essendo influenzata anche dalla predisposizione genetica.

Sociologicamente, la gestione del diabete richiede cambiamenti significativi nello stile di vita. Molti anziani possono trovare difficile aderire a nuove regole alimentari o programmi di esercizio. Questo può portare a sentimenti di frustrazione e impotenza, influenzando negativamente le relazioni sociali e l'autostima.

Le malattie neurodegenerative, tra cui la demenza e l'Alzheimer, rappresentano un'ulteriore sfida per la popolazione anziana. Queste patologie colpiscono la memoria, il pensiero e il comportamento, interferendo con la capacità di svolgere attività quotidiane. La demenza non colpisce solo l'individuo ma ha un impatto profondo anche sui familiari e sui caregivers.

Dal punto di vista psicologico, la diagnosi di demenza può generare ansia, paura e depressione. Gli anziani possono avvertire il peso della perdita di autonomia e di identità. La stigmatizzazione delle persone affette da demenza può alleviare le relazioni sociali e portare a un maggiore isolamento. Inoltre, i caregivers spesso sperimentano un alto livello di stress, contribuendo a un circolo vizioso di impoverimento relazionale.

L'osteoporosi invece è una malattia caratterizzata dalla riduzione della densità ossea, aumentando il rischio di fratture. È particolarmente comune nelle donne anziane, a causa dei cambiamenti ormonali legati alla menopausa. Le fratture da osteoporosi possono portare a una significativa perdita di mobilità e quindi, ad un maggiore rischio di ulteriori complicazioni fisiche e psicologiche.

L'osteoporosi può limitare gravemente l'autonomia, influenzando la capacità di partecipare a attività sociali.

La perdita di indipendenza può causare paura di cadere e una conseguente riduzione della salute mentale. Le reti sociali si possono indebolire, creando un ulteriore sentimento di isolamento e vulnerabilità.

L'invecchiamento porta con sé non solo problemi fisici ma anche profondi mutamenti psicologici. La fragilità fisica spesso si accompagna a fragilità mentale ed emotiva. Esploriamo ora alcuni aspetti psicologici che emergono nei soggetti anziani affetti da malattie croniche.

La depressione è una condizione comune tra gli anziani, spesso scatenata da eventi di vita difficili, come la perdita di un coniuge, l'isolamento sociale o la diagnosi di malattie croniche. La depressione negli anziani può ridurre la qualità della vita e influenzare la capacità di seguire le terapie e le pratiche di autocura.

La depressione può portare a un ulteriore isolamento sociale. Gli anziani possono ritirarsi dalle relazioni sociali e dalle attività della comunità, creando un circolo vizioso di solitudine e deterioramento. Le famiglie e le comunità svolgono un ruolo cruciale nel riconoscere questa condizione e nel fornire supporto adeguato.

La presenza di malattie croniche può aumentare l'ansia.

Gli anziani possono temere il futuro, l'incertezza delle provvidenze sanitarie e la possibilità di perdere la propria autonomia. Tale ansia può influenzare il comportamento, portando ad evitare situazioni sociali o a una dipendenza eccessiva da familiari e amici.

La paura, in particolare, può influenzare la partecipazione degli anziani nella vita comunitaria. Questo può portare a una diminuzione della vivacità sociale, contribuendo a un invecchiamento più isolato e meno dinamico.

È fondamentale sensibilizzare le comunità su questi temi per cercare di mitigare gli effetti negativi della paura.

Le reti sociali hanno un impatto significativo sulla salute degli anziani. La presenza di familiari e amici può migliorare l'aderenza ai trattamenti e il benessere psicologico. Tuttavia, durante l'invecchiamento, i legami sociali possono indebolirsi a causa di lutti o malattie, portando a un aumento dell'isolamento.

Le comunità possono offrire risorse vitali per gli anziani, come servizi di supporto alle famiglie, attività ricreative e sociali. Promuovere l'inclusione sociale e la partecipazione attiva può migliorare significativamente la qualità della vita degli anziani.

Le politiche sanitarie devono tenere conto delle esigenze della popolazione anziana. Investire in programmi di prevenzione, gestione delle patologie croniche e supporto psicologico è fondamentale per affrontare le sfide legate all'invecchiamento. La formazione di personale sanitario specializzato e l'accesso ai servizi non sono solo cruciali per la salute fisica ma anche per il benessere psicologico degli anziani.

La stigmatizzazione delle malattie legate all'invecchiamento, come la demenza, può portare a vulnerabilità sociali. La società tende a marginalizzare le persone affette da queste patologie, alimentando l'isolamento e impedendo l'accesso a servizi di supporto.

Investire nell'educazione e nella sensibilizzazione sociale può contribuire a combattere la stigmatizzazione. Incrementare la consapevolezza riguardo all'importanza di una vita sana e attiva può migliorare non solo la qualità della vita nella terza età ma anche la loro integrazione sociale.

Le malattie comuni nella popolazione anziana hanno implicazioni multifattoriali che vanno oltre la salute fisica. Comprendere l'interazione tra fattori sociologici e psicologici è fondamentale per affrontare efficacemente queste sfide. Le politiche sanitarie, il supporto sociale, l'educazione e la sensibilizzazione possono contribuire a creare un ambiente più favorevole per il miglioramento della qualità della vita degli anziani.

Un approccio olistico alla salute che includa non solo le dimensioni fisiche ma anche quelle psicologiche e sociali è cruciale per garantire una vita dignitosa e significativa per la popolazione anziana. Con l'aumento della nostra comprensione su questi temi, possiamo promuovere l'invecchiamento attivo e modalità e risposte adeguate nell'affrontare le malattie che colpiscono gli anziani, migliorando così la loro qualità della vita e integrandoli pienamente nella società.

4.2 Disabilità e percezione della salute

La disabilità è un concetto complesso che coinvolge diversi aspetti della vita di un individuo, dall'aspetto fisico a quello sociale, psicologico e culturale. Nel contesto della popolazione anziana, la disabilità assume una dimensione particolare, poiché gli anziani affrontano non solo la diminuzione delle capacità fisiche e cognitive ma anche la sfida di una società che, spesso, non è attrezzata per soddisfare le loro esigenze.

La percezione della salute tra gli anziani, in questo contesto, diventa un aspetto cruciale da considerare, influenzando la qualità della vita, l'autonomia e l'inclusione sociale.

La disabilità, secondo la Classificazione Internazionale del Funzionamento, della Disabilità e della Salute (ICF) dell'Organizzazione Mondiale della Sanità, è definita come una interazione tra condizioni di salute e fattori contestuali (ambientali e personali). Questa non si riduce solo ad un deficit fisico o mentale ma include anche le interazioni sociali e le opportunità che un individuo ha di partecipare alla vita della comunità. Questa definizione amplia la nostra comprensione della disabilità, spostando l'attenzione da un modello medico a un modello più olistico.

Negli anziani, si osservano principalmente tre tipologie di disabilità:

- Disabilità fisica: Include limitazioni nei movimenti, come difficoltà nel camminare, nel mantenere l'equilibrio o nel compiere attività quotidiane.

- Disabilità cognitiva: Riguarda le funzioni cognitive, come la memoria, l'attenzione e la capacità di giudizio. Malattie come l'Alzheimer e altre forme di demenza sono esempi comuni.

- Disabilità sensoriale: Comprende difficoltà nella vista e nell'udito, che possono significativamente influenzare la qualità della vita degli anziani, rendendo difficoltosa la comunicazione e l'interazione sociale.

La percezione della salute si riferisce invece a come un individuo valuta il proprio stato di salute e il suo benessere. Tra gli anziani, questo concetto è influenzato da molteplici fattori, quali:

- Aspetti fisici: Le limitazioni fisiche possono portare a un'autovalutazione negativa della salute. La capacità di svolgere attività quotidiane e la presenza di malattie croniche influenzano notevolmente la percezione della salute.
- Aspetti psicologici: La salute mentale, inclusi fattori come la depressione e l'ansia, gioca un ruolo cruciale. Un anziano

che si sente solo o isolato potrebbe percepire la propria salute in modo peggiore rispetto a uno che ha una rete sociale di supporto.

- Aspetti sociali: L'interazione con amici e familiari, così come il coinvolgimento in attività comunitarie, può migliorare la percezione della salute. Gli anziani attivi socialmente tendono ad avere una visione più positiva della propria condizione.

La disabilità può influenzare pesantemente la percezione della salute negli anziani. Le seguenti aree meritano profonda attenzione:

- Limitazioni nelle attività quotidiane. Gli anziani con disabilità fisiche possono avere difficoltà a compiere attività quotidiane, come vestirsi, mangiare o fare la spesa. Queste limitazioni non solo compromettono l'autonomia ma possono anche portare a un senso di perdita di identità e autostima, influenzando negativamente la percezione della salute.
- Salute mentale e benessere. La disabilità, in particolare quella cognitiva, può portare a una maggiore vulnerabilità a problemi di salute mentale. La cognizione limitata può ostacolare l'adattamento ai cambiamenti e le capacità di affrontare lo stress, portando a sentimenti di impotenza e a percezioni negative della salute.

La disabilità può ostacolare le interazioni sociali, creando un ciclo di isolamento.

Gli anziani che non possono partecipare attivamente alle attività sociali possono sviluppare sentimenti di solitudine, che possono ulteriormente influenzare la loro percezione della salute e il loro benessere generale.

Numerosi fattori possono influenzare la percezione della salute tra gli anziani con disabilità, vediamone alcuni.

L'accesso a servizi sanitari adeguati è fondamentale. Gli anziani con disabilità spesso affrontano barriere fisiche e finanziarie nell'accesso ai servizi. Le limitazioni nella mobilità possono rendere difficile recarsi a visite mediche, mentre le difficoltà economiche possono impedire il pagamento delle cure necessarie.

Una rete di supporto sociale è cruciale. Le persone anziane che ricevono supporto da familiari, amici o comunità tendono a percepire la loro salute in modo più positivo. Al contrario, coloro che sperimentano isolamento sociale possono avere una percezione della salute significativamente peggiore.

La formazione su come gestire la disabilità e mantenere uno stile di vita sano può influenzare la percezione della salute. Programmi educativi che informino gli anziani sui loro diritti, opzioni terapeutiche e strategie di coping possono migliorare la loro capacità di affrontare la disabilità e promuovere una visione positiva della loro condizione.

Per migliorare la salute e la percezione della salute negli anziani con disabilità, è importante considerare approcci multidimensionali. Ecco alcune strategie.

I servizi di assistenza domiciliare e le strutture di supporto sono essenziali. Questi servizi dovrebbero essere accessibili e mirati per rispondere ai bisogni specifici degli anziani con disabilità. La creazione di ambienti inclusivi e l'adeguamento degli spazi pubblici possono facilitare una maggiore partecipazione.

Attività sociali e ricreative possono andare a beneficio degli anziani. Programmi che incoraggiano l'interazione sociale possono ridurre l'isolamento e migliorare la qualità della vita. Club, classi e gruppi di sostegno possono fornire opportunità per connettersi e condividere esperienze.

I programmi educativi che propongono focus sulla salute, la gestione della disabilità e l'autocura possono aiutare gli anziani a prendere decisioni informate e responsabilizzarli nella gestione della loro salute. La sensibilizzazione sulla disabilità e la salute mentale è fondamentale in questo contesto.

La disabilità e la percezione della salute sono strettamente interconnesse, specialmente nella popolazione anziana. La disabilità non influisce soltanto sulle capacità fisiche ma anche sul benessere psicologico e sociale degli individui.

È fondamentale considerare un approccio olistico per affrontare queste sfide, il che implica l'integrazione di servizi sanitari, supporto sociale e programmi educativi. Solo attraverso uno sforzo concertato sarà possibile migliorare la qualità della vita degli anziani e garantire che possano vivere con dignità e soddisfazione. La società ha il dovere di adattarsi e di creare un ambiente inclusivo che riconosca e valorizzi la diversità delle esperienze degli anziani con disabilità.

In un mondo che invecchia rapidamente, è essenziale affrontare la disabilità e la percezione della salute con serietà e impegno. Il benessere degli anziani non è solo una questione di salute fisica ma coinvolge anche fattori sociali e psicologici che meritano attenzione.

Le sfide sono molte ma attraverso l'innovazione e la cooperazione tra istituzioni, comunità e famiglie, è possibile costruire un futuro dove ogni anziano, indipendentemente dalla sua condizione di salute, possa sentirsi valorizzato e integrato.

4.3 Interrelazione tra salute fisica e benessere mentale

La salute fisica e il benessere mentale sono due componenti fondamentali del nostro benessere globale. Sebbene spesso vengano trattati come entità separate, è cruciale comprendere come siano interconnessi e si influenzino reciprocamente. Questa interrelazione ha radici profonde nell'evoluzione biologica dell'uomo, così come nella nostra quotidianità.

La salute fisica è generalmente definita come uno stato di completo benessere fisiologico e non solo come l'assenza di malattie o difetti. Questo comprende la funzionalità del corpo, la capacità di eseguire attività quotidiane senza affaticamento e la resistenza alle malattie. Una buona salute fisica implica anche una buona nutrizione, esercizio fisico regolare e una cura adeguata delle malattie acute e croniche.

Il benessere mentale, d'altra parte, è una condizione in cui un individuo percepisce di avere una buona salute psicologica. Include stati come la soddisfazione della vita, il controllo delle emozioni, il senso di scopo e realizzazione e la capacità di affrontare lo stress. Secondo l'Organizzazione Mondiale della Sanità (OMS), il benessere mentale non è solo l'assenza di malattie mentali ma un equilibrio tra le emozioni e le prestazioni cognitive.

Le evidenze scientifiche dimostrano che la salute fisica influisce profondamente sulla salute mentale attraverso vari meccanismi biochimici. Ad esempio, l'attività fisica stimola la produzione di neurotrasmettitori come le endorfine e la serotonina, noti per migliorare l'umore e ridurre i sintomi di depressione e ansia. Studi hanno dimostrato che le persone che praticano regolarmente esercizio fisico, anche in forme moderate come camminare, tendono a riportare livelli più alti di benessere.

Il corpo e la mente operano attraverso un sistema complesso e interconnesso. Quando una persona affronta stress, il corpo rilascia ormoni come il cortisolo che, se in eccesso, possono avere effetti deleteri sulla salute fisica (ad esempio, indebolendo il sistema immunitario) e mentale (esacerbando disturbi come l'ansia e la depressione). La gestione dello stress attraverso tecniche di rilassamento fisico e mentale è quindi fondamentale per mantenere entrambi i domini della salute.

L'interazione tra salute fisica e benessere mentale ha importanti implicazioni nel campo medico e psicologico. Professionisti della salute mentale spesso considerano lo stato fisico dei pazienti come parte delle loro valutazioni. Ad esempio, molte condizioni fisiche (diabete, malattie cardiache) possono contribuire allo sviluppo di disturbi mentali o cognitivi, suggerendo che il trattamento deve essere integrato e olistico.

Prevenire le malattie fisiche, attraverso stili di vita sani, non solo migliora la salute globale ma aiuta anche a prevenire l'insorgenza di disturbi mentali. Programmi di prevenzione, che incoraggino l'esercizio fisico e una dieta equilibrata, si sono dimostrati efficaci rispettivamente nel ridurre le problematiche fisiche e migliorare il benessere psicologico.

Incoraggiare la pratica regolare dell'attività fisica può essere uno strumento efficace per migliorare sia la salute fisica che il benessere mentale.

Le raccomandazioni variano ma un obiettivo di almeno 150 minuti di attività moderata alla settimana è generalmente raccomandato per gli adulti. Attività come lo yoga e Tai Chi non solo migliorano la forza fisica ma promuovono anche la calma e serenità mentale e la concentrazione.

La nutrizione, come abbiamo già visto, svolge un ruolo chiave nel mantenere un equilibrio ottimale tra corpo e mente. Nutrienti come gli acidi grassi omega-3, le vitamine del gruppo B e gli antiossidanti sono stati associati a un miglioramento dell'umore e della funzione cognitiva. Educare le persone su come mantenere una dieta equilibrata è essenziale per un approccio olistico alla salute. Incorporare, inoltre, tecniche di rilassamento come la meditazione, la mindfulness e la respirazione profonda può essere efficace nel ridurre lo stress e migliorare la salute mentale. Queste pratiche possono portare a una maggiore consapevolezza del corpo e delle proprie emozioni, creando un legame più forte tra la salute fisica e il benessere mentale.

Nel mondo moderno, lo stress è diventato un compagno quotidiano per molte persone. Le pressioni lavorative, le responsabilità familiari e le aspettative sociali possono accumularsi, portando a una serie di effetti negativi sulla salute fisica e mentale. Fortunatamente, esistono varie tecniche di rilassamento che possono aiutare a gestire e ridurre lo stress. Tra queste, la meditazione, la Mindfulness e la respirazione profonda si sono rivelate particolarmente efficaci.

La meditazione è una pratica che risale a migliaia di anni fa e ha dimostrato di avere numerosi benefici per la mente e il corpo. Implica l'adozione di una posizione comoda, la chiusura degli occhi e la concentrazione su un particolare oggetto, suoni o anche sul respiro. Questo processo permette di silenziare la mente e di ridurre l'attività dei pensieri distrattivi.

I benefici della Meditazione sono innumerevoli sopratutto se praticata quotidianamente anche per pochi minuti.

1. Riduzione dell'Ansia: Numerosi studi hanno dimostrato che la meditazione può contribuire a ridurre i livelli di ansia. Meditare regolarmente aiuta a bilanciare le emozioni e a sviluppare una maggiore resilienza contro lo stress[29].

2. Miglioramento della Concentrazione: Meditando, si affina la capacità di concentrazione. Si impara a focalizzarsi su un compito specifico, migliorando così la produttività[30].

3. Benessere Emotivo: La meditazione promuove un sentimento di calma e gioia interiore. Diminuisce, infatti, i sintomi di depressione e migliora l'autoefficacia[31].

4. Benefici Fisici: Pratiche meditative possono anche ridurre la pressione sanguigna e migliorare la qualità del sonno, promuovendo una salute generale migliore[32].

---

[29] D. Goleman, *Meditation and Stress Reactivity*, tesi di Laurea, Harvard University, 1973.

[30] D. Goleman, *La Forza della meditazione*, Milano, Rizzoli, 2003.

[31] Molte ricerche attestano consistenti effetti clinici medici e psicologici dovuti alle diverse tecniche di consapevolezza di Sé, e mostrano un'assenza di effetti collaterali (G.M. Manzoni, F. Pagnini et al. 2008) .
Le ricerche hanno anche rilevato la consistente differenza tra gli effetti dovuti alla meditazione e quelli dovuti al rilassamento (training autogeno ecc..). La meditazione mostra una decisa maggiore efficacia. (G.M. Manzoni, F. Pagnini et al. 2008; P. Subramanya e S. Telles 2009; R. L. Brearley, A. M. Forsythe, 1978)

[32] Diminuzione della HRV, (Heart Rate Variabilità) è la variazione del battito cardiaco a riposo, diminuzione della pressione sanguigna, diminuzione della frequenza respiro, diminuzione della conduttanza della pelle (> GSR)
(F. Travis, R.K. Wallace. 1999; M.B. Ospina, K. Bond et al. 2007; Schneider et al., 1995; Patel et al., 1985; Schmidt, Wijga, Von Zur Muhlen, Brabant, & Wagner, 1997; Sudsuang, Chentanez, & Veluvan,

Iniziare a meditare non richiede competenze speciali. È consigliabile trovare un ambiente tranquillo e dedicarsi a sessioni brevi, iniziando con 5-10 minuti al giorno e incrementando man mano. Esistono diverse tecniche, come la meditazione trascendentale, la meditazione guidata e la meditazione del respiro, ognuna delle quali offre approcci unici per raggiungere uno stato di rilassamento profondo.

La Mindfulness è una pratica che implica la consapevolezza del momento presente. Permette di essere pienamente attenti alle proprie esperienze in corso senza giudicarle. In contesti quotidiani, la Mindfulness può essere utilizzata per affrontare situazioni stressanti con maggiore lucidità.

La pratica di questa disciplina produce numerosi benefici tra cui:

1. Aumento della Consapevolezza: La pratica della Mindfulness incrementa la consapevolezza delle proprie emozioni e pensieri, permettendo di affrontarli costruttivamente e riducendo la reattività.

1991; Benson, Rosner, Marzetta, & Klemchuk, 1974; Wenneberg et al., 1997; Jerving R., Wallace R. K., Beidebach M. 1992)
· Miglioramento della risposta immunitaria (C.Y. Fang, D.K. Reibel et al. 2010; C. F. Justo 2009; R. J. Davidson, J. Kabat-Zinn et al. 2003; E.L. Olivo 2009; L.E. Carlson, M. Speca 2007) che si è dimostrata efficace anche in esperimenti su pazienti con cancro (M. Ando, T. Morita et al.. 2009)
· Aumento della coerenza EEG ed in particolare a livello delle onde alpha (Shin Yamamoto, Yoshihiro Kitamura et al. 2008)

2. Gestione dello Stress: Diversi studi hanno evidenziato come la Mindfulness possa ridurre significativamente i livelli di cortisolo, un ormone associato allo stress.

3. Miglioramento delle Relazioni: Essere più presenti e consapevoli nelle interazioni sociali aiuta a costruire relazioni più solide e genuine.

4. Sviluppo dell'Empatia: La Mindfulness stimola l'abilità di comprendere e sentire ciò che provano gli altri, migliorando l'empatia e la comunicazione.

Ci sono molteplici modi per integrare la Mindfulness nella vita di tutti i giorni. Può essere praticata durante attività quotidiane come mangiare, camminare o anche lavare i piatti. L'importante è focalizzarsi completamente sull'esperienza e osservare i propri pensieri e emozioni senza giudizio. Inoltre, esistono corsi di Mindfulness che possono fornire una guida strutturata.

La respirazione profonda è invece una tecnica semplice, ma molto potente, per il rilassamento. Consiste nel prendere respiri lenti e profondi, permettendo al corpo e alla mente di rilassarsi. Quando si è sotto stress, la respirazione tende ad essere più superficiale, ma riprendendo il controllo della respirazione si può inviare un segnale di calma al sistema nervoso.

Tra i benefici clinici riscontrati si trovano:

1. Riduzione della Frequenza Cardiaca: Respirare profondamente aiuta a ridurre la frequenza cardiaca, favorendo uno stato di rilassamento.

2. Alleviamento della Tensione Muscolare: Una buona respirazione può contribuire ad alleviare la tensione nei muscoli, diffondendo una sensazione generale di calma.

3. Miglioramento della Funzione Polmonare: Praticare la respirazione profonda migliora la capacità respiratoria e la salute polmonare nel lungo periodo.

4. Rilascio di Endorfine: La respirazione profonda aiuta il corpo a liberare endorfine, migliorando l'umore e riducendo il dolore.

Una delle tecniche più comuni è la *"respirazione diaframmatica"*, dove si inspira profondamente attraverso il naso, permettendo all'addome di espandersi, per poi espirare lentamente attraverso la bocca.

Si può anche provare il "metodo 4-7-8", che prevede di inalare per 4 secondi, trattenere il respiro per 7 secondi e espirare per 8 secondi. Queste tecniche sono facili da eseguire e possono essere praticate ovunque.

La meditazione, la Mindfulness e la respirazione profonda sono tecniche efficaci per ridurre lo stress e migliorare il benessere complessivo. Ognuna di queste pratiche offre benefici unici e, se integrate nella vita quotidiana, possono contribuire a una vita più equilibrata e sana. L'importante è trovare il metodo che meglio si adatta alle esigenze personali, dedicando anche solo pochi minuti al giorno a queste tecniche, per fare la differenza nel modo in cui affrontiamo le sfide quotidiane. Con l'impegno e la perseveranza, è possibile trasformare la propria vita, ritrovando la calma anche nei momenti di maggiore stress.

L'ambiente in cui viviamo gioca un ruolo cruciale nella nostra salute soprattutto quando parliamo della terza età. Aree urbane carenti di spazi verdi e opportunità per l'attività fisica possono contribuire ad un deterioramento del tessuto sociale soprattutto nei contesti dell'edilizia popolare. Creare ambienti favorevoli all'outdoor e all'interazione sociale è essenziale per promuovere la salute globale.

L'interrelazione tra salute fisica e benessere mentale è un aspetto fondamentale della nostra esistenza. È chiaro che promuovere stili di vita sani che abbracciano entrambe le dimensioni può portare a un miglioramento complessivo della qualità della vita. Investire in programmi che integrano attività fisiche, nutrizione e supporto sociale non solo arricchisce il nostro benessere psicologico ma contribuisce anche a un sistema sanitario più efficace e sostenibile.

In un mondo in cui il ritmo della vita moderna spesso ci spinge a trascurare il nostro stato fisico o il nostro equilibrio mentale, è vitale prendere consapevolezza di questa interconnessione. I passi verso una vita sana con un migliore benessere mentale non sono solo un valore personale ma una responsabilità collettiva per migliorare la salute della nostra società. In qualsiasi contesto.

La comprensione delle complessità dell'interrelazione tra salute fisica e benessere mentale è solo l'inizio. Si rende necessario un approccio multidisciplinare che coinvolga medici, psicologi, nutrizionisti e la comunità nella sua interezza. Sforzandoci di vedere la salute non solo come l'assenza di malattia ma come uno stato positivo di benessere in tutte le sue forme, possiamo lavorare insieme per costruire un futuro migliore e più sano per tutti.

Conclusioni

Questo testo nasce da una serie di studi e ricerche condotti dall'autore tra il 2020 e il 2023, analizzando diversi campioni rappresentativi di una specifica realtà liminale di cui si vuole dare una chiave di lettura a scopo divulgativo e informativo.

Si è volutamente utilizzato un linguaggio semplice, ma inserendo ampia letteratura scientifica, per poter trasformare questo testo in un primo approccio al problema che vedrà negli anni futuri approfondimenti soprattutto grazie a nuove ricerche e studi sul campo dal punto di vista sociologico e antropologico-culturale.

Questo libro può essere utilizzato come un primo 'sguardo' verso le tematiche trattate in ambito sociale.

I fenomeni trattati non possono più essere rimandati in quanto la situazione dell'aging, delle vite ai margini con particolare riguardo ai contesti delle abitazioni popolari sono sempre più sotto i nostri occhi e necessitano con sempre più forza di un contributo e di un impegno proattivo da parte di tutti gli enti coinvolti, da quelli governativi, a quelli regionali al terzo settore.

Nonostante alcune iniziative volte a migliorare la situazione, permangono numerosi ostacoli, sia a livello economico che sociale. Affrontare queste problematiche richiederà un impegno congiunto da parte di istituzioni, organizzazioni e comunità per garantire che tutti gli anziani possano vivere una vita dignitosa, in ambienti sicuri e accessibili. Solo così sarà possibile costruire una società realmente inclusiva e attenta alle esigenze di tutti i suoi membri.

Questa analisi evidenzia l'urgenza di un cambiamento culturale e politico, affinché le condizioni abitative degli anziani non siano più un motivo di preoccupazione, ma un'opportunità per valorizzare l'esperienza e la saggezza di una generazione che ha ancora molto da offrire alla società.